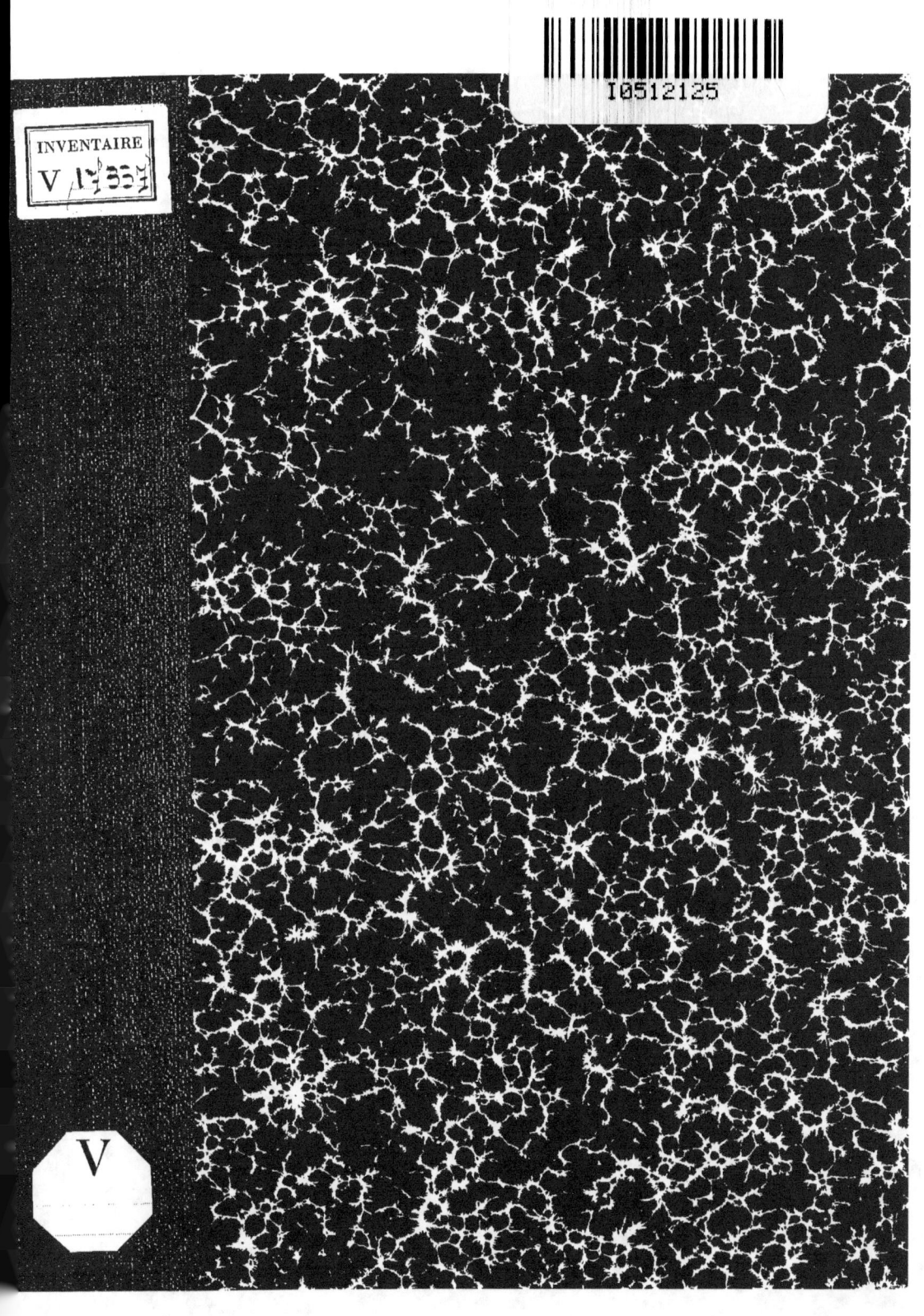

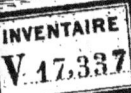
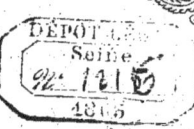

ÉTUDE

SUR

LES CLOCHES

LETTRE A M. DIDRON

DIRECTEUR DES « ANNALES ARCHÉOLOGIQUES »

PAR

CLAUDE SAUVAGEOT

PARIS
LIBRAIRIE ARCHÉOLOGIQUE DE VICTOR DIDRON
RUE SAINT-DOMINIQUE SAINT-GERMAIN, 23

MDCCCLXIII

ÉTUDE

sur

LES CLOCHES

PARIS. — IMPRIMERIE DE J. CLAYE,
RUE SAINT-BENOIT, 7.

ÉTUDE

SUR

LES CLOCHES

LETTRE A M. DIDRON

DIRECTEUR DES « ANNALES ARCHÉOLOGIQUES »

PAR

CLAUDE SAUVAGEOT

PARIS

LIBRAIRIE ARCHÉOLOGIQUE DE VICTOR DIDRON

RUE SAINT-DOMINIQUE-SAINT-GERMAIN, 23

—

M D CCC LXIII

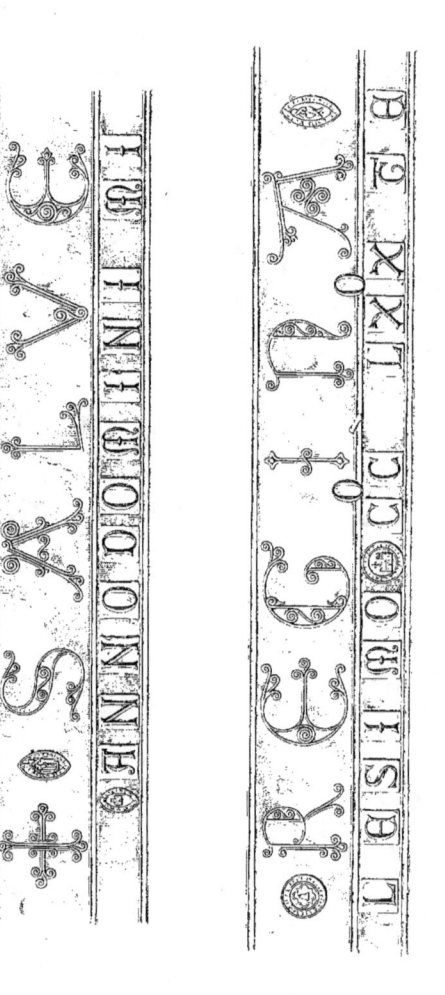
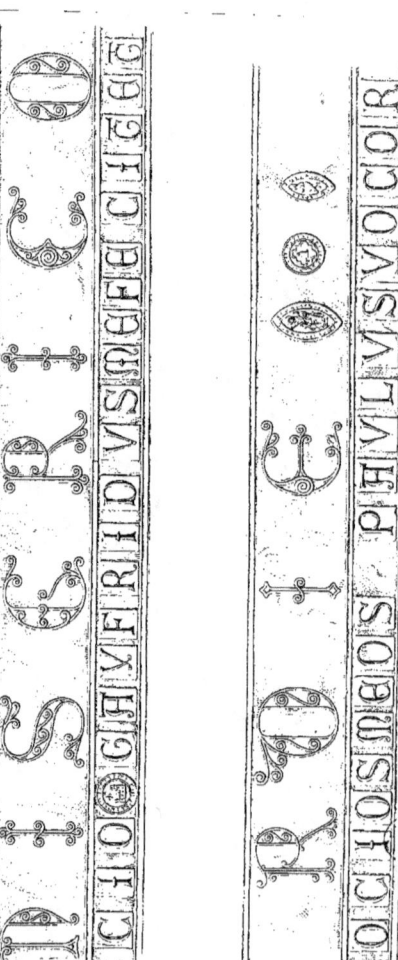

ÉTUDE
SUR LES CLOCHES

A M. DIDRON, DIRECTEUR DES « ANNALES ARCHÉOLOGIQUES ».

Monsieur,

Je ne sais trop si les documents que je vous adresse aujourd'hui, au sujet des cloches, seront d'un bien grand intérêt pour les lecteurs des « Annales ». Je crains fort, au contraire, que cette longue série d'inscriptions, peu variées quoique curieuses, recueillies sur des objets de même nature et souvent d'une même époque, ne paraisse monotone et fastidieuse. Pour animer quelque peu un sujet comme celui-ci; pour lui donner quelque attrait, en faire jaillir des remarques et des considérations intéressantes, il faudrait de la science et du style. Je n'ai malheureusement à ma disposition ni l'une ni l'autre, et je dois vous avouer que j'hésite fort à vous adresser des notes qui n'ont d'autre mérite peut-être que d'avoir été recueillies au milieu de dangers assez sérieux, en risquant souvent de me casser bras ou jambes. Cependant, puisque vous désirez ces documents, je vous les livre, mais à peu près tels qu'ils ont été conquis, c'est-à-dire privés de toute considération, de tout développement scientifique. Libre à vous, cher monsieur, d'y répandre la lumière par quelques notes, si vous le jugez utile. Toutefois, pour suppléer à mon insuffisance scientifique, et même la faire oublier, s'il se peut, permettez-moi de joindre à cette notice, aux descriptions peu variées des cloches, aux impressions éprouvées en face de ces instruments sonores pour lesquels j'ai une sorte de prédilection, permettez-moi, dis-je, de joindre un certain nombre de petits croquis sur bois représentant des fragments d'inscriptions, des lettres isolées, des profils, des sceaux, des personnages modelés en relief sur les vieux monuments de bronze dont il m'a été possible de constater l'âge et le mérite.

N'avez-vous pas dit autrefois (j'ai oublié dans quel volume de vos « Annales ») que si l'indifférence et la paresse n'avaient jusqu'ici empêché les archéologues de monter dans les clochers, on serait étonné du grand nombre de vieilles cloches qu'ils renferment encore? Vous avez dit vrai : il existe encore, en effet, un grand nombre de cloches anciennes. Celles dont je vais vous entretenir en seraient une preuve au besoin ; mais il me semble, je dois vous l'avouer, que vous avez été bien sévère pour les pauvres archéologues qui, malgré leur zèle, ont fait acte de prudence et se sont abstenus. Vous n'ignorez pas combien il est pénible, souvent dangereux, de monter dans de vieux clochers dont l'escalier délabré, obscur, est en général d'un aspect peu rassurant. Vous n'ignorez pas non plus que les clochers sont parfois privés même d'escalier, et qu'il n'est possible d'arriver auprès des cloches qu'à l'aide d'échelles rustiques dont la solidité est fort contestable. Convenez donc aujourd'hui avec moi que vous fûtes jadis trop sévère envers les archéologues assez prudents pour hésiter devant une mission pénible et souvent dangereuse. Convenez que la poussière, l'huile ou la graisse que l'on recueille en ces hauts lieux doivent rendre l'étude des anciennes cloches chose peu attrayante et assez négligée. — Ceci dit, peut-être pour relever le peu de mérite que j'ai eu à gravir l'escalier tortueux des clochers et des beffrois, je passe aux inscriptions campanaires que j'ai pu recueillir ; avec celles que vous avez déjà publiées, elles combleront un peu la lacune que maintes fois je vous ai entendu regretter à propos de cet instrument poétique et vraiment chrétien, pour lequel nous éprouvons, vous et moi, une sorte de vénération.

Si l'abbé Thiers, le savant liturgiste, existait encore, je risquerais fort d'encourir, par cet aveu où je vous mets de moitié sans y être autorisé, je risquerais fort, dis-je, d'encourir les plus amers reproches, les malédictions les plus graves. En effet, je lis dans le « Traité des superstitions » le passage suivant, qui est loin de témoigner une grande admiration pour notre instrument préféré, et pour ceux qui aiment à l'entendre ; vous pouvez en juger : « Le petit peuple et la canaille accourent en foule de toutes parts à l'église, non pour prier, mais pour sonner. Car il faut remarquer, en passant, que les gens les plus grossiers sont ceux qui aiment davantage les cloches et le son des cloches. » Voilà qui est dit sans détours et en termes précis. Il ajoute encore un peu plus loin : « Les paysans, les gens de basses conditions, les enfants, les sourds et muets aiment beaucoup à sonner les cloches ou à les entendre sonner. Les personnes spirituelles n'ont pas de penchant pour cela. Le son des cloches les importune, les incommode, leur fait mal à la tête, les étourdit. » N'est-il pas vraiment héroïque d'avouer, après la lecture de ce passage, qu'on aime les cloches et le son des cloches? Jointe à la difficulté vraiment sérieuse d'approcher de ces instruments, cette vigoureuse boutade n'est-elle point faite, en vérité, pour décourager même les plus ardents? Comment voulez-vous que l'on étudie l'art campanaire, pour peu qu'on croie avoir esprit ou naissance? Malgré ce superbe dédain que Thiers, du reste, n'a pas été le seul à exprimer, il n'en faut pas moins persister à aimer ce grave et mélodieux instrument; et les gens du moyen âge, qui ne le détestaient pas non plus, durent en fondre une quantité vraiment prodigieuse pour qu'il en reste encore, malgré les accidents et les révolutions, un nombre si considérable.

Mais ce n'est pas tout. J'ai encore à cœur de prouver qu'en dépit de l'opinion du savant liturgiste on peut être homme d'esprit, voire même de génie, et montrer quelque goût pour l'instrument qui nous occupe. Aussi vous demanderai-je la permission d'en citer ici un exemple qui, à lui seul, en vaut plusieurs en raison de l'importance du personnage. L'empereur Napoléon Ier aimait beaucoup le son des cloches, et divers chroniqueurs rapportent que, lorsqu'il était consul et habitait le château de la Malmaison, il aimait à entendre sonner la petite cloche de Rueil, sa paroisse. Chaque fois que, dans ses promenades, le son de ce modeste instrument venait frapper son oreille, il s'arrêtait ému, recueilli, et ne reprenait souvent sa marche que longtemps après que le son de l'airain avait cessé de retentir. Plus tard, à Sainte-Hélène, l'homme de génie regrettait encore le son touchant de la cloche de Rueil, qu'il ne devait plus entendre. Après cet exemple, il ne faut pas douter qu'il nous soit permis d'aimer en toute sécurité, sans redouter d'être assimilés à la canaille, nos belles et curieuses cloches anciennes, précieuses à tant de titres [1].

Maintenant, une chose m'embarrasse! Dois-je classer par ordre d'ancienneté toutes ces diverses inscriptions recueillies dans des provinces souvent fort éloignées les unes des autres, ou dois-je les présenter un peu au hasard, sans tenir compte de leur importance et de leur mérite respectif? Je crois que la classification par ordre d'ancienneté permettra d'établir dans ces lignes plus d'ordre et de clarté.

---

1. Napoléon Ier, l'admirateur exagéré d'Ossian, n'était pas insensible au souffle de la poésie du XIXe siècle. Si le liturgiste Thiers et ses contemporains de misérable goût n'aimaient pas le son des cloches, pas plus qu'ils n'aimaient et ne comprenaient les monuments chrétiens en général et ceux du moyen âge en particulier, Chateaubriand, Lamartine, Victor Hugo, pour ne citer que les trois géants, ont changé à tout jamais l'esthétique du monde. Désormais on ose comparer la cathédrale de Reims au Parthénon d'Athènes; désormais l'harmonie de nos volées de cloches et la tempête aérienne de nos bourdons élèvent dans nos âmes des sentiments doux et forts comme l'harmonie des forêts ou les orages de la mer. Nous sommes donc redevenus la « canaille » de Thiers et, sous ce rapport, nous espérons rester toujours canaille. (Note de M. Didron.)

Dans toutes mes excursions, je n'ai pu, à mon grand regret, rencontrer qu'une seule cloche du xiiie siècle. Il faut conclure de ce fait que les cloches de cette époque sont assez rares. Le plus ancien monument campanaire qu'il m'a été donné de contempler date de l'an 1202; c'est la cloche de la petite paroisse de Fontenailles, aujourd'hui déposée dans une salle du musée de Bayeux. Vous la connaissez déjà, je suppose, par la notice de M. G. Villers, publiée dans le « Bulletin Monumental » de M. de Caumont. Je me sens, malgré cela, entraîné à vous parler encore de cette intéressante cloche, la plus ancienne qui ait été signalée en France; d'abord, parce que le dessin publié dans le « Bulletin » laisse fort à désirer au point de vue de l'exacti-

1. — CLOCHE DE FONTENAILLES, DE L'AN 1202.

Au musée de Bayeux.

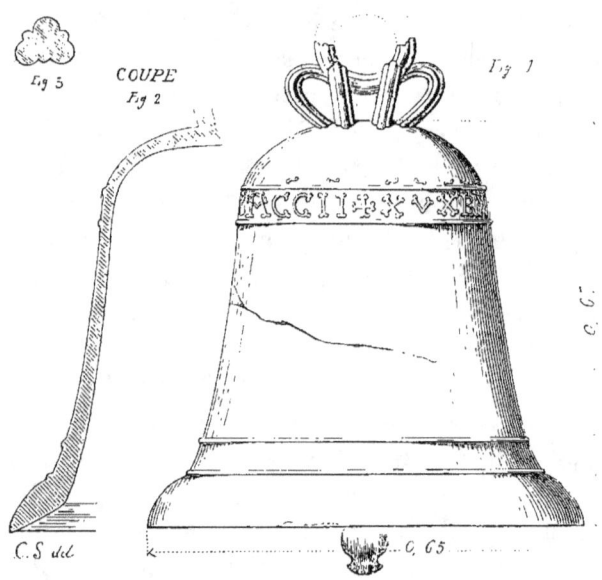

tude, et ensuite parce que la description d'ailleurs fort remarquable contient, il m'a semblé aussi, une erreur assez grave au sujet des caractères de l'inscription. Ce vénérable monument était suspendu dans la tour de l'église, ou plutôt de la chapelle de Fontenailles, à 8 kilomètres de Bayeux. Par suite du mauvais état de son beffroi, cette cloche est tombée il y a quelques années, et sa chute a déterminé au milieu du vase une fêlure horizontale qui nous privera à jamais d'en entendre le véritable son. Grâce à M. G. Villers et à d'autres archéologues normands, ce précieux monument du xiiie siècle n'a plus à redouter d'être fondu comme il en était question; il est déposé, je l'ai dit, au musée de la ville de Bayeux, tout près de la célèbre et précieuse tapisserie historique représentant la conquête d'Angleterre.

J'ai vu, posée sur son trépied de bois, la cloche fêlée de Fontenailles. Je l'ai longuement contemplée, étudiée, prenant force notes. Je ne comptais pas la reproduire par la gravure; mais, en regardant le dessin si inexact du « Bulletin », j'ai cru utile de me mettre à l'œuvre et de dessiner de nouveau l'instrument métallique. Vous pouvez voir, en comparant les deux dessins, qu'il était à peu près impossible de ne pas restituer à la plus ancienne cloche de France sa véritable forme et ses exactes dimensions.

M. G. Villers nous dit, dans son intéressante notice, que la cloche en question peut être évaluée au poids de 230 kilog. Je ne sais si cette évaluation est exacte; dans tous les cas, il serait bien facile de s'en assurer, maintenant qu'elle est descendue de son beffroi. Ce qui est certain, c'est qu'elle était la plus petite des trois cloches, composant la sonnerie de Fontenailles avant la révolution de 1789; et c'est grâce à sa petite dimension qu'elle put échapper à la destruction. Fondue d'un seul jet, comme cela a dû se faire en tout temps pour ces sortes de vases, la cloche de Fontenailles mesure en hauteur 67 cent., depuis sa base jusqu'au sommet du cerveau. Son diamètre à la base, ou extrémité de la patte, est de 65 cent. La coupe, que je mets en regard de l'élévation, donne l'épaisseur des diverses parties. On voit, à l'examen du dessin, que depuis le commencement du XIIIe siècle la forme générale des cloches n'a pas considérablement varié. Ce qui pourrait distinguer celle-ci des autres pièces sonores dont je vais vous entretenir, c'est la forme ronde du cerveau, assez semblable à une calotte, ainsi que le vaste anneau de suspension auquel sont fixées quatre anses doubles. Il faut bien l'avouer, la forme générale de notre cloche n'est ni belle, ni sévère : la courbure du vase est trop roide, et la patte a bien de l'importance. Quant à l'inscription placée à la base du cerveau, elle est certainement des plus curieuses; et, chose singulière, je l'ai retrouvée modelée, en d'autres caractères bien entendu, sur une cloche bourguignonne du XVIIe siècle. La voici au quart d'exécution avec ses nombreuses abréviations. On ne peut lui donner une autre interprétation que celle-ci : CHRISTUS VINCIT, CHRISTUS REGNAT, CHRISTUS IMPERAT. MILLESIMO DUCENTESIMO SECUNDO. Ces lettres, dont je crois avoir scrupuleusement reproduit la forme, sont, malgré leur irrégularité, des majuscules romaines : le T du mot « imperat » prend déjà cependant la forme qu'il conservera pendant le XIIIe et le XIVe siècle. « Un caractère tout particulier (dit M. Villers) rend cette inscription curieuse : c'est la singulière

ornementation qui préside à son ensemble. La forme de chacun des membres des caractères semble avoir été inspirée par celle d'ossements humains, de fémurs contournés suivant le tracé des lettres et dont les condyles créent un ornement aux extrémités. Un simple caprice inspira-t-il cette bizarre décoration à la main du fondeur, ou bien la cloche, ornée de ces caractères lugubrement fleuris, avait-elle une affectation spécialement funèbre ? »
M. Villers me paraît être ici dans l'erreur. Les caractères de la cloche de Fontenailles sont façonnés, comme ceux qui existaient sur la cloche de Moissac, avec deux filets de cire appliqués sur le modèle et terminés à leur extré-

2. — INSCRIPTION DE LA CLOCHE DE FONTENAILLES.
Caractères de l'an 1202, au quart de l'exécution

mité par une petite spirale ou volute. — Mais de là à des ossements humains, il y a loin assurément. Il est vrai que des cloches ont eu pour mission de sonner spécialement pour les morts : la cloche de Bayeux, qui portait le nom de *mortuaire*, vient en témoigner ; mais si celle de Fontenailles avait une aussi lugubre destination, ce ne sont point les caractères de son inscription qui viendraient le révéler. — Quant à la qualité du métal, il est difficile de l'apprécier, l'instrument entier étant fortement oxydé.

A propos de l'inscription de la cloche de Fontenailles, je viens de citer plus haut la cloche de l'abbaye de Moissac, que les « Annales Archéologiques » ont fait connaître par un dessin de M. Viollet-le-Duc [1]. Ce remarquable instrument, qui, vous le savez, n'existe plus, était plus précieux encore que la cloche normande. Son inscription, par exemple, pouvait passer pour une merveilleuse page d'épigraphie campanaire ; et il m'a toujours paru

---

1. Voir les « Annales Archéologiques » de M. Didron, vol. XVI, p. 325.

regrettable, je dois vous l'avouer, que M. Viollet-le-Duc n'ait pas pensé à développer cette belle inscription dans une seconde planche. L'ensemble de ce monument de bronze, gravé à une échelle assez grande quant à la forme générale et aux profils, devient insuffisant, cependant, pour donner une idée exacte de la richesse et de l'élégance des lettres de l'inscription. Vous n'ignorez pas que M. Viollet-le-Duc a fait don au musée de Cluny d'un estampage en plâtre, parfaitement réussi, de la précieuse inscription de Moissac. En examinant dernièrement encore ce beau moulage, je pensais à compléter d'une seconde planche l'illustration de la cloche du XIIIe siècle commencée par les « Annales Archéologiques ». J'ai donc, sans plus de formalités, disposé sur le métal ces belles lettres fleuronnées si pures et si élégantes ; et j'ose espérer que ni vous, ni les lecteurs des « Annales », ne me saurez mauvais gré d'avoir osé compléter un travail commencé par M. Viollet-le-Duc.

L'inscription supérieure, composée des trois mots ✠ SALVE REGINA MISERICORDIE, a été tracée au moyen de petits filets de cire appliqués sur le modèle de la cloche ; et l'on peut voir comment, avec ce procédé, le fondeur, ou plutôt l'artiste du XIIIe siècle, sut varier à l'infini chacune des jolies lettres de la pieuse invocation. M. Viollet-le-Duc, qui montre aussi dans son « Dictionnaire d'architecture » une de ces lettres de grandeur même d'exécution, ajoute que « la fonte de cette cloche était tellement pure, que tous les fins linéaments de ces lettres étaient parfaitement venus, et les sceaux aussi nets qu'une empreinte de cire d'Espagne [1] ». En effet, l'estampage exécuté sur la cloche de Moissac est lui-même d'une grande finesse, et vient confirmer le dire de l'éminent architecte. La seconde ligne de l'inscription, tout en n'offrant pas le même intérêt artistique que la première, est cependant des plus remarquables : elle montre des lettres d'une forme très-élégante; elle indique, de plus, l'âge de la cloche et nomme l'artiste qui fondit en même temps les autres instruments de bronze, compagnons de celui-ci ; instruments qui portaient, selon toute probabilité, le nom des apôtres du Christ. La cloche de l'église abbatiale de Moissac était la seule, paraît-il, des douze vases fondus par Godefroid, qui ait pu parvenir jusqu'à nous. L'année 1845 vit sa fin : elle fut fêlée par des sonneurs trop ardents et refondue peu de temps après ; « mais on se garda bien, » dit encore M. Viollet-le-Duc, « de lui donner son ancienne forme ».

L'inscription en lettres fleuries, l'invocation à Marie, reine de la miséricorde [2], est précédée d'une croix et d'un médaillon à deux pointes, au milieu

---

1. « Dictionnaire d'architecture », vol. III, p. 284.
2. Voir la planche mise en tête de cette notice.

duquel j'ai cru voir, sous un dais porté par deux colonnettes, l'apôtre saint
Paul ou peut-être même saint Pierre, car le personnage en question me paraît
tenir en main des clefs et non une épée. — Cependant, si on en croit l'inscription, c'est saint Paul que nous devrions voir ici : malheureusement, la légende
modelée sur la bordure de ce sceau, légende qui aurait pu nous renseigner à
ce sujet, est complétement illisible. Vient ensuite, entre les mots SALVE et
REGINA, un second médaillon, circulaire cette fois, entouré d'une inscription
également illisible, mais au centre de laquelle on voit très-distinctement une
petite clochette, entourée d'un cordon quadrilobé. Ce doit être la marque et
comme le sceau du fondeur, qu'on retrouve encore à la fin même de l'invocation à la vierge Marie. Un autre médaillon à deux pointes, placé après le
mot REGINA, m'a paru contenir une tête humaine entourée d'ailes enlacées et
accompagnée, peut-être, de l'aigle, du lion et du bœuf, attributs des évangé-
listes ; ce serait, dans ce cas, un véritable tétramorphe comme les Byzantins
aiment à le figurer. Il est impossible de rien affirmer à ce sujet, car l'estampage, malgré sa parfaite réussite, ne donne, quant à ces médaillons, qu'un
modelé vague et assez informe. Enfin, on remarque, après le mot MISERI-
CORDIE, une jolie petite vierge assise que je reproduis ici de grandeur même

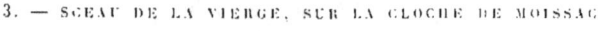

3. — SCEAU DE LA VIERGE, SUR LA CLOCHE DE MOISSAC.
Grandeur d'exécution.

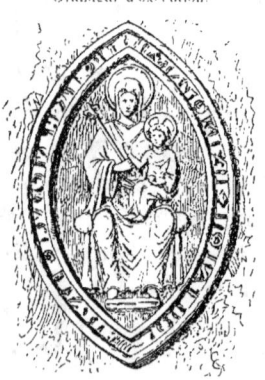

de l'exécution. Entourée d'un orle à deux pointes, elle tient en main un
sceptre terminé par une fleur de lis. L'enfant Dieu est assis sur les genoux de
sa mère et paraît tenir quelque jouet de la main gauche ; la droite doit être
bénissante. — Il est nimbé, ainsi que la Vierge. Quant à la légende, il est
absolument impossible de la déchiffrer ; mais je ne sais pourquoi je me figure
qu'elle répète les trois mots : SALVE REGINA MISERICORDIE.

La seconde ligne de l'inscription générale se lit ainsi :

ANNO DOMINI MILLESIMO CC LXX TERCIO GAVFRIDVS ME FECIT ET SOCIOS MEOS PAVLVS VOCOR

Elle est modelée en caractères beaucoup plus petits que ceux de la ligne supérieure. Elle est également semée de petits sceaux contenant une église avec son clocher et une fleur de lis. Il est à remarquer, en outre, que les I sont barrés ou plutôt noués en leur milieu comme la branche centrale des M ; les T et les X affectent une forme assez particulière, rarement usitée dans les inscriptions de cette époque.

Si de ce regrettable instrument du XIIIe siècle, dont il ne reste maintenant que des gravures, nous voulons passer à un de ceux qu'il m'a été donné de voir, il nous faut aller dans l'ancienne et curieuse ville de Sens. Là, dans une des tours de la cathédrale, nous retrouverons encore une cloche très-digne d'intérêt, bien qu'elle soit postérieure de plus d'un siècle à la cloche de Moissac. Fort remarquable par ses belles proportions, elle me paraît cependant loin d'atteindre à la sévérité, à la pureté de forme de cette dernière, qui pouvait certainement passer pour un type, un modèle de cloche gothique. La cloche en question, servant de timbre, remplit encore régulièrement ses fonctions ; elle se voit dans une riche lanterne ou beffroi ajouté, vers 1520, à la tour proprement dite. Cette lanterne remplace elle-même une guérite en forme de tourelle, servant jadis de guette à la ville. Je lis en outre, dans les « Mémoires de littérature », que Charles V paya la moitié d'une lanterne de bois faite pour contenir une horloge placée au sommet de la cathédrale. Th. Tarbé, dans ses recherches historiques sur la ville de Sens, nous apprend que « cette horloge fut faite par Pierre Mellin, horlogeur du Roy, et mise avec sa cloche nouvelle au-dessus de la tour de pierre, en décembre 1377 ». Charles V voulut donner, à cette occasion, ajoute-t-il, une somme de 500 fr. d'or. Dans un compte de la ville de l'an 1475, on voit aussi que le droit de maille sur le pain, accordé l'année précédente par une charte de Louis XI, était destiné à l'entretien de cette même horloge. L'inscription du timbre de la cathédrale de Sens vient effectivement confirmer l'exactitude de tous ces faits, et nous apprendre que le roi Charles V lui-même fut parrain de l'instrument. On y voit en outre que le timbre, fondu aux frais des bourgeois de Sens, pèse plus de sept mille livres. Voici cette inscription remarquable, je l'ai déjà dit, par la beauté de ses caractères :

+ CHARLES AY NOM POUR LE ROY DE FRANCE VII-M ET PLUS POISE EN BALANCE LES BOURGEOIS DE SENS M'ONT FAIT FAIRE L'AN MCCCLXXVI EN CEST ORLOGE JE SUIS MISE DE LEVR CHATEL A LEVR DEVISE + NOMEN VIRGINEUM DICO MARIA

Les dimensions de cette cloche sont déjà grandes, et sa largeur, que j'ai pu mesurer à la base, est de 1 mètre 52 centimètres.

Tout auprès de ce gros et grave instrument, nous en voyons deux autres plus petits, qui ont été fondus presque en même temps. Leur inscription, rédigée également en langue française, fait mention cette fois du fondeur. Voici seulement une des inscriptions, car il est dangereux de chercher à les lire : ces clochettes sont l'une et l'autre suspendues en partie hors du beffroi.

✝ L'AN MCCCLXVII POUR SENS ME FIST JEHAN JOUVENTE POUR CHANTER DIEU. AY NOM FRANÇOIS. II CC LIVRES POISE OU ENVIRON. EFANT DNI.

Ce petit timbre mesure 50 centimètres seulement à sa base.

Les trois timbres précités sont, après la cloche de Fontenailles, les plus anciens qu'il m'ait été donné de voir. Ils existent précisément dans cette curieuse ville de Sens, jadis célèbre par sa remarquable sonnerie, qui passait non-seulement pour la plus ancienne de toute la France, mais encore pour la plus complète et la plus harmonieuse. Peut-être n'est-il pas inutile de rapporter ici une légende du VIIe siècle, au sujet d'une des cloches primitives de la vieille cité sénonaise. Cet instrument d'airain, si l'on en croit la tradition fort répandue même aujourd'hui, se mit un jour à sonner seul et de lui-même. Voici l'événement qui donna lieu à cette espèce de prodige, que les légendaires bourguignons ont placé au nombre des miracles de saint Loup, évêque de Sens :

« En 613, » dit M. Th. Tarbé, « Clotaire II, roi de Soissons, voulant s'emparer des états de Thierry II, roi de Bourgogne, qui venait de décéder, envoya une armée pour attaquer Sens. Alors saint Loup, craignant pour son peuple les désordres qui suivent ordinairement la guerre civile, entra dans son église, et fit sonner la cloche nommée Marie, pour appeler les fidèles qui vinrent se mettre en prière avec lui. Dieu les exauça : les ennemis, dont les oreilles n'étaient pas encore faites au bruit d'une cloche aussi grosse, furent saisis d'une terreur subite et se retirèrent aussitôt. Mais, quelque temps après, Clotaire s'étant rendu maître de Sens, fit enlever la cloche qui précédemment avait épouvanté ses troupes, et la fit transporter dans son palais de Paris. La chronique rapporte qu'en sortant de Sens la cloche perdit entièrement sa voix. Devenue alors inutile à Clotaire, ce prince la renvoya ; mais, une fois arrivée à Pont-sur-Yonne, elle recouvra la parole et elle résonna plus harmonieusement que jamais. » — Les siècles qui voyaient ces faits merveilleux sont déjà bien loin de nous : à l'époque où nous vivons, les cloches interviennent rarement dans les guerres des peuples, si ce n'est, toutefois, pour célébrer la victoire d'un triomphateur ou faire entendre dans les émeutes civiles le son terrible du tocsin.

La cloche miraculeuse de Sens était aussi connue, paraît-il, sous le nom de cloche de saint Loup. Plusieurs fois refondue depuis l'année 613, elle l'aurait été une dernière fois en 1524, avec un instrument de même nature nommé Savinienne. Elle fut fêlée, dit-on, en septembre 1792, en sonnant l'assemblée électorale qui se tint à Sens à cette époque. Descendue peu de temps après de la tour de plomb qui la contenait, elle fut transportée à Paris avec sept autres cloches sénonaises qui, d'instruments pacifiques et religieux, devinrent, comme tant d'autres, des engins de destruction. Plus loin, à l'occasion des deux gros bourdons de la cathédrale, j'aurai de nouveau à vous entretenir de la sonnerie de Sens, encore fort remarquable à cette heure. La méthode que j'ai adoptée de décrire par ordre d'ancienneté les vieilles cloches que j'ai dessinées, nous oblige donc de laisser un instant la curieuse cité de Sens, pour aller plus près de Paris, dans un pays également fort intéressant. Je veux parler de la ville d'Étampes, que vous avez visitée, je crois, et où vous avez vu sans nul doute la curieuse, l'étrange basilique de Notre-Dame, au plan si irrégulier, à l'aspect si bizarre, mais toutefois fort remarquable et digne d'être étudiée. Peut-être n'aurez-vous pas eu le temps de monter dans cette gracieuse flèche, élevée à l'avant de la façade principale, et qui peut passer hardiment pour un des plus élégants, des plus beaux clochers encore debout dans notre pays. Là, vous auriez pu voir une cloche datant de l'année 1400, remarquable non-seulement par ses dimensions et par sa forme, mais encore par une inscription singulière, qui donne à la fois le nom et le surnom de l'instrument. Les caractères ne sont déjà plus ceux du xive siècle : ce sont des lettres dites gothiques, peu différentes de celles employées au siècle suivant. J'avoue avoir eu assez de mal à déchiffrer cette inscription, fort salie par le temps, et dont les mots n'offrent aucune séparation ; mais j'ai dit que la mission de rechercher les anciennes cloches offrait bien des ennuis, sans compter de nombreuses déceptions. Le parrain de cette cloche, des plus illustres, n'est rien moins que le duc de Berry, frère du roi Charles V et comte d'Étampes. L'inscription, que voici dans toute sa gauloise naïveté, est placée, comme toujours, à la base du cerveau.

Marie ay nom et nommée la grousse engraissiée par Jehan duc de Berry d'Étampes la vallée — fonte en l'an MIV — Elle est vu en foules pour Dieu Jesus loer et sa mère honorer

Le nom du fondeur n'apparaît nulle part ; mais on voit, sous un dais en relief, la sainte Vierge debout, tenant l'Enfant divin, et, au côté opposé, un Ecce Homo d'un dessin impossible, tant il est décharné. La « Grosse Engraissée » est très-longue de forme : elle mesure 1 mètre 35 de haut sans les anses, qui sont tressées. Il est impossible actuellement de la sonner à grande volée.

Il ne faut pas trop s'étonner de voir ce surnom grotesque donné au moment même de sa fonte à la grosse cloche d'Étampes; cet usage était assez fréquent aux xive et xve siècles; et je vois dans dom Basile Fleureau [1], qu'en 1322 on plaça dans la tour de Saint-Pierre-Empont, à Étampes, une cloche désignée sous le nom de Chasse-Ribaud. Elle avait mission d'avertir les habitants avinés, ou en fête dans les cabarets du faubourg, de rentrer en ville, parce que les portes allaient se fermer.

Un siècle plus tard, en 1423, Benoist Bessière, abbé de Morigny, fit faire une cloche de grandes dimensions appelée le Gros-Seing [2], comme le portait son inscription. Je me suis assuré, en visitant dernièrement les restes de l'église abbatiale de Morigny, que cette cloche n'existait plus depuis longtemps. Puisque je suis à cette heure transporté en imagination au milieu de cette belle vallée d'Étampes, qu'on ne saurait trop admirer, permettez-moi de vous citer trois cloches, également de Morigny et depuis longtemps refondues, mais dont les inscriptions nous ont été conservées par dom Basile Fleureau. On lisait sur l'une d'elles :

𝔐entem sanctam spontaneum honorem Deo et patriae liberationem — fusmes faictes toutes trois par frère Jehan Regner l'an 1413

Je lis maintenant, dans mes notes, l'inscription d'une cloche que j'ai vue, il y a déjà longtemps, dans la remarquable église de Villeneuve-le-Roi.

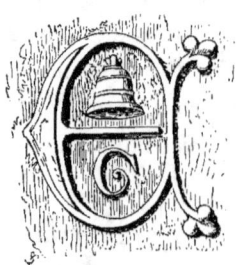

4. — CLOCHE DE VILLENEUVE-SUR-YONNE.
Lettre ornée, xive-xve siècle.

1. « Histoire d'Étampes ».
2. Du mot latin « signum », qui signifie cloche ou instrument propre à donner un signal.

aujourd'hui Villeneuve-sur-Yonne, et qui doit être contemporaine de la grosse cloche d'Étampes, peut-être même plus ancienne, si l'on s'en rapporte à la forme des caractères de l'inscription. Celle-ci, précédée d'une croix fleurdelisée, ne forme qu'une seule ligne : toutes les lettres sont ornées et renferment, en outre, dans leur intérieur, d'autres lettres plus petites et des clochettes microscopiques. Au lieu de lettres, ce sont aussi parfois des rinceaux richement variés. Voyez, plus haut, une des lettres de la cloche de Villeneuve. J'ai pu lire assez facilement l'inscription proprement dite, qui, par exception, ne contient aucune date, mais où chaque mot est séparé par trois points rangés verticalement.

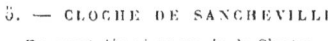

+ MESSIRES ⋮ JEHAN ⋮ DE ⋮ CHIMERY ⋮ CURÉ ⋮ DE ⋮ CESTE ⋮ EGLISE ⋮ CY ⋮

Il est à présumer que l'inscription intérieure vient compléter la première et peut-être nommer le fondeur ; mais, je dois vous l'avouer, pressé par le temps et abasourdi par les cloches voisines sonnées à toute volée pendant que j'étais là, je n'ai pu, à mon grand regret, parvenir à déchiffrer cette double inscription. Je laisse à d'autres le soin d'achever la lecture interrompue. J'allais oublier de vous parler du sceau du fondeur, dont la forme est circulaire avec une inscription illisible à l'œil nu, mais où l'on voit parfaitement, au centre du médaillon, une clochette en relief semblable à celles des lettres de l'inscription. La cloche de Villeneuve-sur-Yonne est de dimensions très-ordinaires, mais d'une forme assez élégante.

5. — CLOCHE DE SANCHEVILLE.
Fragment déposé au musée de Chartres.

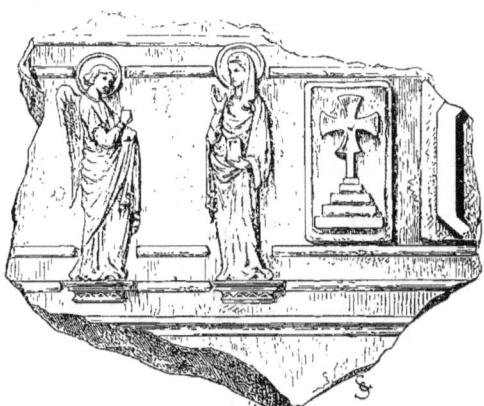

Voici maintenant, non pas une cloche entière, mais un simple fragment, dessiné en passant au musée de Chartres, où il est déposé, et qui pourrait dater, si l'on s'en rapporte à la tournure des personnages, de la première moitié du xve siècle. Ce débris provient de la cloche paroissiale de Sancheville (Eure-et-Loir), fondue par un nommé Fluas. On voit en relief, sur ce fragment, au commencement ou à la fin de l'inscription, deux élégantes figures, dont l'une est assurément la sainte Vierge, tandis que l'autre personnage, muni d'ailes, pourrait être l'ange Gabriel. Dans ce cas, il faudrait voir ici une Annonciation. Les deux figures sont très-bien venues à la fonte, et d'une grande finesse de modelé ; mais j'ignore si la cloche de Sancheville contenait d'autres personnages ou emblèmes, et quelles étaient ses dimensions.

La cloche qui vient ensuite est celle de l'église Saint-Jean, à Joigny, curieux et remarquable édifice de la renaissance. Elle date de 1413 et, depuis cette époque, elle sonne les heures aux habitants de Joigny. Ses dimensions sont déjà grandes : elles donnent 1 mètre 40 de largeur pour la base, et 1 mètre 20 de hauteur sans les anses. Voici son inscription, que j'ai eu beaucoup de mal à lire, bien que j'aie été obligeamment aidé dans ce travail par le vicaire de Saint-Jean :

𝕵𝖍𝖘 — 𝔐 + 𝔐𝕮𝕮𝕮𝕮𝖃𝕴𝕴𝕴 — La grosse cloche de la guette a été f[te] et nom[e] par 𝔐[e] Aymé et tenue par honneur avec demoiselle Barbe Sacer. Dieu les ait en sa garde — Lors de Mos[r] Adrien cote de Joigny terrien et Charlotte cotesse de grand renon — la cloche poise par arrect trois mil 𝕮𝕮𝕮𝕮

Voici, de plus, un écusson soutenu par deux anges munis de palmes, qui doit être celui de maître Aymé et de demoiselle Barbe Sacer, parrain et marraine

6. — CLOCHE DE JOIGNY.
Écusson du parrain et de la marraine.

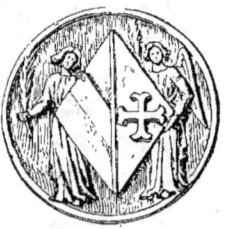

raine de la cloche et peut-être mari et femme. En outre, je donne ici, comme un petit monument intéressant d'iconographie, un médaillon que je reproduis aux deux tiers d'exécution et qui offre la vierge Marie debout, entourée de quatre anges ; deux de ces anges soutiennent une couronne au-dessus de la tête de la reine du ciel, tandis que les deux autres sont agenouillés et munis chacun d'un flambeau. Particularité curieuse, l'inscription tracée autour de cette espèce

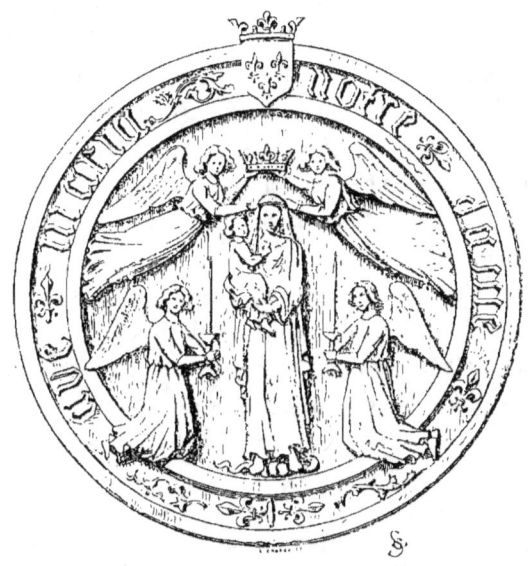

7. — CLOCHE DE JOIGNY.
Écusson de la vierge Marie.

de sceau est moitié latine, moitié française ; elle se compose de ces quatre mots :

Ave Maria — Notre Dame

Des fleurs de lis séparent ces mots et l'écusson de France couronne au sommet cet écusson de la Vierge.

Le son de ce timbre de Joigny est à la fois mâle et plein.

Il faut maintenant, cher monsieur, vous laisser conduire dans un antique village de la haute Bourgogne, à Saint-Émiland, diocèse d'Autun. Feu Joseph Bard m'avait signalé dans le temps l'église de cette paroisse comme extrêmement remarquable, et je m'étais assez considérablement éloigné de ma route pour la voir et l'étudier au besoin. Cette petite église, datant en partie du XIIe siècle, est en effet assez remarquable. L'abside et la façade principale présentent surtout un grand intérêt. J'ai remarqué aussi, à l'intérieur, une charmante piscine du XVe siècle et une armoire en pierre de la même époque, contenant le chef de saint Émiland, dont le tombeau se voit encore, tout près de là, au milieu du rustique cimetière du village. Après avoir suffisamment examiné toutes ces choses d'un intérêt plus ou moins grand, je voulus monter dans la vieille tour romane percée d'étroites baies cintrées. Cette tour, je l'avais vue de loin, dans la vallée, dominant les maisons du pays. Malgré d'actives recherches, il me fut impossible de découvrir la porte du clocher ; et je renonçais déjà à la chercher davantage, quand le sacristain vint me prévenir qu'elle n'existait point. On est obligé, me dit-il, de monter au clocher par une échelle extérieure appliquée à l'une des ouvertures d'en bas. Conduit au pied de l'échelle, je me disposai à suivre mon guide, malgré le peu de sécurité offert par ce mode d'ascension. — Après avoir traversé d'obscurs passages, marché sur des planchers d'une solidité douteuse, accroché un certain nombre de toiles d'araignées et m'être à diverses reprises rudement cogné la tête, je me trouvai enfin en présence de trois vénérables cloches, véritables monuments de bronze, différents d'âge, de forme et de dimensions. N'étais-je pas payé de mes petites peines ?

La moins grosse de ces trois pièces de bronze est la plus ancienne et peut-être la plus remarquable. Très-longue de forme, étroite au cerveau et cerclée de moulures à peines saillantes, elle n'offre pas la forme généralement adoptée par les anciens fondeurs. Elle date de 1434 et mesure en hauteur comme en largeur 60 centimètres, identité de mesures qui donne une idée de son manque évident de proportion [1]. Je n'ai pu entendre si le son en est beau ou laid, grave ou aigu ; cet instrument, fêlé depuis longtemps, m'a-t-on dit, est condamné au silence. Il a vécu. Il est placé sous le patronage de saint Pierre, et son inscription, des plus laconiques, ne contient, avec la date, qu'une invocation à ce saint apôtre.

+ IHS Maria — Sancte petre ora pro nobis
l'an mil CCCCXXXIIII

Les caractères sont encore gothiques, sans ornementation ; les mots séparés et d'une lecture facile. L'inscription, en une seule ligne, se montre dénuée de tout fleuron, de tout ornement. Les sujets iconographiques placés au sommet du vase, sous l'inscription, sont en revanche assez caractéristiques : c'est d'abord le Christ en croix et saint Pierre, patron de cette curieuse cloche ; puis saint Michel, l'archange guerrier, le roi des airs, le protecteur de toute chose élevée, qui combat et terrasse l'esprit du mal. Le guerrier céleste, d'un beau dessin, d'un mouvement juste et vrai, est armé d'une croix et non d'une lance. Enfin, un quatrième sujet représente un saint dénué de tout attribut et dont il devient difficile, par conséquent, de trouver le nom.

---

1. Généralement les cloches anciennes, même les modernes, sont plus larges que longues : il est facile de s'en convaincre en vérifiant toutes les dimensions que j'ai déjà rapportées, ou que je vais donner encore.

Je ne veux pas quitter le vieux clocher roman de Saint-Émiland sans vous décrire les deux autres cloches qu'il contient encore. Ce sera, je le sais, interrompre un peu l'ordre chronologique adopté ; mais veuillez vous rappeler, je vous prie, que s'il est difficile de monter dans cette rustique tour romane, il n'est guère plus facile d'en descendre. En conséquence, je vous demande la permission d'y demeurer jusqu'à la fin de ma description.

La seconde pièce de Saint-Émiland, la plus grosse des trois, mesure 72 centimètres en hauteur et 92 à la base. Vous le voyez, c'est là une dimension assez ordinaire et qui ne doit être remarquée que comparativement. Fondue en 1491, cette cloche est de plus de cinquante ans moins âgée que la cloche précédente. La forme en est gracieuse et belle, le son vibrant, mais elle est veuve de personnages ou sujets iconographiques. Toute sa richesse est concentrée sur l'inscription où l'on remarque un nombre considérable de fleurons et d'arabesques. Les moulures du cerveau, comme celle de la panse, sont finement et vigoureusement accusées ; les anses très-courbées, mais sans décoration. Quant à l'inscription, composée d'une seule ligne et placée comme toujours à la base du cerveau, elle est précédée de la petite croix ornée que voici :

8. — CLOCHE DE SAINT-ÉMILAND. 1491.
Anges adorateurs de la croix.

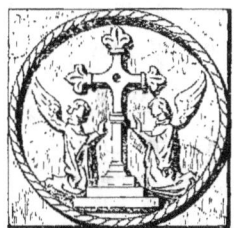

L'inscription comprend les premiers mots de la Salutation angélique, suivis

9. — CLOCHE DE SAINT-ÉMILAND.
Monogrammes de Jésus-Christ.

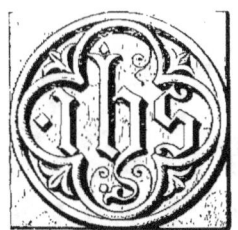 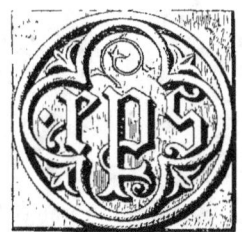

à leur tour de deux monogrammes du Christ. Ces derniers sont entourés d'un quadrilobe.

Voici l'inscription :

+ Ave Maria gratia plena Dns tecu anno Dni MCCCCCXXXX

Chaque mot se trouve séparé par le petit fleuron suivant :

10. — CLOCHE DE SAINT-ÉMILAND.
Fleuron de séparation.

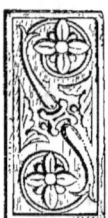

La cloche moyenne de Saint-Émiland est moins ancienne encore que les précédentes ; elle remonte presqu'au milieu du xvie siècle : 1540. C'est donc une pièce fondue à la renaissance, mais riche cependant de décorations iconographiques et, de plus, parfaitement venue à la fonte. Le métal brillant et fin est presque blanc, le son à la fois éclatant et harmonieux. Quant aux dimensions de ce corps sonore, elles sont de 68 centimètres sur 80. Les anses, en forme de cordes tressées, sont trop importantes pour le vase. Ce dernier m'a aussi paru trop étroit par le bas. Malgré tout, cette petite cloche est vraiment belle, bien réussie et parfaitement conservée. En voici l'inscription :

+ A fulgure et tempestate libera nos Dne

Cette inscription se trouve précédée d'une petite plaque rectangulaire, sur laquelle on a représenté le chiffre ou monogramme du Christ, suivi de celui de sa mère. L'M de la sainte Vierge conserve encore la forme ancienne, et le

11. — CLOCHE DE SAINT-ÉMILAND.
Monogramme de Jésus.

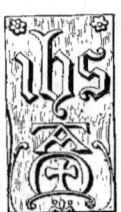

jambage du milieu est formé d'une petite croix [1]. Chaque mot de cette invo-

---

[1]. Il me semble que le monogramme de Jésus, IHS, est superposé non pas au monogramme de

cation est séparé par un buste de soldat casqué et par une sainte Barbe en pied, près de sa tour. Ce petit soldat, que voici, porte un casque à pointe métallique comme en portent les soldats prussiens d'aujourd'hui :

12. — CLOCHE DE SAINT-ÉMILAND
Buste de soldat.

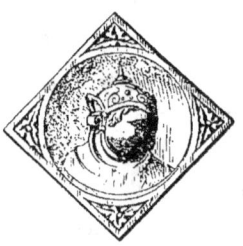

Quant à sainte Barbe, elle tient de la gauche la palme du martyre et touche, de la droite, la tour symbolique d'où procède sa force et qui en a fait la patronne de ceux qui démolissent les châteaux et les tours. Saint Michel est

13. — CLOCHE DE SAINT-ÉMILAND.
Sainte Barbe devant une tour crénelée.

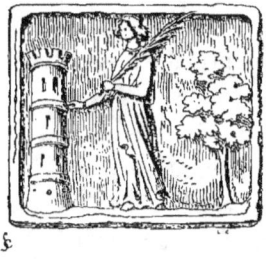

absent cette fois ; mais sainte Barbe, la patronne des artilleurs, qui commande aux éclairs, à la foudre et aux tempêtes, peut bien en tenir lieu. Les deux seuls sujets modelés en dehors de l'inscription sont : le Christ sur la croix, entre la sainte Vierge et saint Jean, et une assez grande croix ornée de rinceaux compliqués et de masques grimaçants.

Je crois avoir tout dit au sujet de ces trois voix d'airain, dont une seule est muette à cette heure. Mais ne faut-il pas avouer qu'il est vraiment surprenant de rencontrer encore, dans un village des moins importants, trois anciennes

---

la sainte Vierge, mais à un alpha, A, et à un oméga, Ω, bouclé, dont le milieu serait rempli par une petite croix. S'il en est ainsi, le Christ serait dit le commencement et la fin de tout, « Principium et Finis », comme on le répète si fréquemment. Je soumets cette observation à M. Sauvageot.

(*Note de M. Didron.*)

cloches remarquables à plus d'un titre ? Ne serait-il pas curieux de savoir comment elles ont pu traverser les révolutions et arriver à peu près intactes jusqu'à nous? Je ne sais rien, hélas ! de l'histoire de ces trois cloches. Il est à présumer, cependant, qu'elles n'étaient point là avant 1793. Comment supposer qu'elles aient pu échapper au décret de la Convention proscrivant toute cloche superflue ? Devraient-elles cette faveur à la protection de saint Émiland, dont les reliques sont conservées dans l'église ? En descendant du clocher rustique, je ne demandais pas mieux que de le croire et je flairais déjà quelque précieuse légende jetant un peu de lumière sur cette singulière conservation. Dans ces idées, j'essayai de questionner mon cicerone ; mais celui-ci, en véritable ignorant, me reçut fort mal et crut que je voulais me moquer de lui : les bonnes intentions ne sont pas toujours comprises.

Chagny, département de Saône-et-Loire, nous offre aussi, dans l'imposante tour romane de son église, une cloche ou timbre ancien, datant de 1449. Comme la cloche de Gallardon, que vous avez publiée il y a quelques années dans les « Annales », elle a été fondue par les habitants du pays, POUR SON-NER LES HEURES, ainsi que le constate l'inscription suivante, composée de deux lignes placées à la naissance du cerveau.

L'an mil ccccllll et IX de IX cens pour conner les hure nuit et jour fu faicte par les habitans de Chagny encambles — Monsieur de Cafré et dame Jehne de Rye me fit (faire?)

Cette inscription, par malheur, manque de clarté : les mots « de IX cens », placés immédiatement après les derniers chiffres du millésime, indiquent-ils le poids de la cloche, qui serait alors de neuf cents livres ? Cela peut être, car les dimensions de l'instrument répondent assez à ce poids. Je puis vous assurer, toutefois, que l'inscription ci-contre est exacte. Elle a été fidèlement copiée lettre par lettre et collationnée à plusieurs reprises. La date est d'ailleurs assez clairement indiquée : il est facile de voir que les quatre L qui suivent les quatre C expriment des dizaines et occupent la place des X à qui ce rôle est ordinairement réservé. Quelques mots seulement sont abrégés, et tous les S sont remplacés par des C. Ainsi, « conner » pour « sonner », puis » encamble » pour « ensemble » et « Cafré » pour « Safré ». La petite croix qui, selon la règle générale, précède l'inscription, est décorée avec goût et ornée d'une élégante fleur de lis à l'extrémité de chacune de ses branches. La voici à moitié d'exécution. Voici également à la même échelle le petit fleuron qui termine l'inscription. Tous les caractères de cette obscure inscription sont fleuronnés, historiés, mais en général mal venus à la fonte; c'est pourquoi je ne me hasarde point à en montrer ici un échantillon. La hauteur

14. — CLOCHE DE CHAGNY.
Croix qui précède l'inscription et fleuron qui la termine.

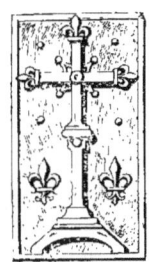 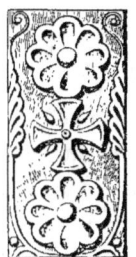

totale du timbre est de 71 centimètres, et sa largeur à la base de 91 centimètres. On remarque aussi, sous l'inscription, ces petits médaillons décorés de figures qui sont en quelque sorte traditionnels; on les rencontre très-souvent et presque toujours fixés à la même place. — Ici je n'en vois que trois : la sainte Vierge d'abord, avec l'enfant Jésus dans les bras; le Christ en croix, ayant saint Jean à sa gauche et sa mère à sa droite; puis, enfin, le chef de la milice céleste, saint Michel, monté sur un vigoureux coursier et combattant l'esprit du mal, figuré par un formidable dragon. Ces trois sujets, inscrits dans de petites plaques rectangulaires, sont placés sous trois dais ornés, légèrement saillants. Quant à la croix, placée tout auprès des personnages en question, elle attire l'attention par l'abondance et la finesse des rinceaux dont elle est décorée. Le temps m'a manqué pour en faire le dessin, qui serait fort à sa place au milieu de ces lignes; mais en voyage, vous le savez, il faut trop souvent compter avec le temps, et bien des désirs restent inaccomplis.

J'allais oublier de vous dire que cette cloche bourguignonne est ceinte, à la hauteur du vase, d'une espèce de courroie ou plutôt de ceinture, ornée, de distance en distance, de jolies petites fleurs à cinq lobes. Cette idée n'est-elle pas vraiment ingénieuse? et la ceinture ornée, dont la boucle n'est point oubliée, ne vient-elle pas remplacer avantageusement toute espèce de moulure? Autre particularité : le marteau qui frappe les heures est une énorme boule, un véritable boulet, fixé à l'extrémité d'une longue tige de fer. Tout porte à croire que ce marteau est le même qui fut fixé là lors de la pose du timbre. Je dois ajouter, enfin, que la cloche de Chagny possède un son clair et perçant, qui s'entend de fort loin, et produit un singulier contraste avec un lugubre bourdon moderne fondu en 1834.

La cloche de Santenay, département de la Côte-d'Or, est celle de mon pays natal. C'est elle dont le son harmonieux m'a souvent porté à la rêverie dans mon enfance, lorsque j'habitais ce beau pays. Combien de fois, après avoir quitté l'antique village bourguignon, n'ai-je pas cru entendre bourdonner à mes oreilles ce cher et doux instrument, dont la vibration se mêlait si délicieusement au souffle de la brise, au frissonnement des arbres de la vallée ! On est presque heureux à ces souvenirs. Chaque fois qu'on éprouve ce phénomène, c'est un gai rappel de la jeunesse, une journée entière de l'insouciante et joyeuse enfance qui se déroule vaguement devant les yeux.

La cloche de Santenay date de l'année 1475. Elle se voit dans l'énorme tour carrée qui s'élève au centre de l'église, curieux monument du xii° siècle. En écrivant ces mots, « dans la tour », je ne suis pas tout à fait dans l'exactitude : il serait plus juste de dire sur la tour, car l'instrument sonore est suspendu au milieu d'une lucarne faite pour le contenir. Il est donc fort difficile de l'atteindre, encore plus difficile de le dessiner; et ce n'est pas sans peine, ni même sans danger, que j'ai pu mesurer cette cloche et recueillir complètement son inscription. Ses dimensions sont de 60 cent. de hauteur et 70 cent. de largeur à la base. Sa forme, très-heureuse, très-étudiée, diffère peu de celle du timbre de Gallardon publiée dans les « Annales »; toutefois, elle m'a paru plus élégante encore. Le métal est fin et coloré : je ne serais pas surpris que le cuivre entrât pour une très-forte partie dans sa composition. Le son de cette pièce de bronze est, du reste, parfaitement harmonieux, et la vibration s'en prolonge indéfiniment. J'ai remarqué aussi que la cloche en question, fort épaisse à sa base, là où frappe le battant, devenait extrêmement mince à la hauteur du cerveau : cette épaisseur, très-sensiblement inégale entre la base et le sommet du vase (différence qui existe avec plus ou moins d'évidence dans toutes les cloches dont je vous entretiens), doit contribuer à donner à celle-ci cette prodigieuse vibration que je n'ai entendu nulle part aussi accusée.

L'inscription de la cloche bourguignonne, placée sur la circonférence du cerveau, est composée d'une seule ligne de caractères gothiques et fleuronnés, ayant 6 cent. de haut. Les mots ne sont point séparés entre eux et sont vraiment difficiles à déchiffrer. Voici cette inscription, dont les abréviations sont nombreuses :

+ Jus ave ma gra plea Dns tecu CMCCCCLXXV

Pour donner une idée de la richesse et de l'élégance de cette inscription, voici encore, à moitié d'exécution, deux lettres prises au hasard, E et P.

15. — CLOCHE DE SANTENAY. 1475.

Lettres de l'inscription.

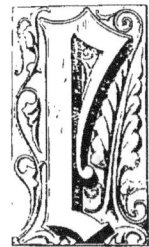 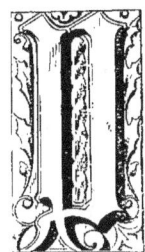

J'ajoute à ces dessins la jolie petite croix qui précède, comme toujours, l'inscription. On sent, aux fins rinceaux qui accompagnent et décorent cette croix à branches égales, que la renaissance n'est pas bien loin.

16. — CLOCHE DE SANTENAY.

Croix qui précède l'inscription.

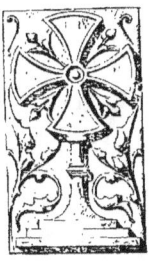

Je regrette beaucoup de n'avoir pu dessiner trois fines petites figures placées autour de la cloche, et abritées par un dais en accolade orné de feuillages. Ces figures représentent le Christ les mains liées, le corps presque nu ; la sainte Vierge tenant l'Enfant divin ; puis un saint évêque dont j'ignore le nom. On voit également cinq fleurs de lis isolées, et autant de sceaux dissemblables qui, assez mal venus à la fonte et couverts d'une poussière faisant corps avec le métal, sont à cette heure complètement illisibles.

Telle est la petite cloche de l'église de Santenay : la grosse, qui était fort ancienne aussi, vient d'être refondue après avoir été fêlée par des sonneurs trop zélés.

Voici maintenant une cloche du commencement du xvie siècle, que je signale seulement en passant, car il m'a été impossible de la mesurer et d'en lire complètement l'inscription. J'ai pu toutefois recueillir la date MCCCCCIX, et ces deux noms populaires : Jesus Maria. Cette cloche, qui se voit dans l'église Notre-Dame de Tonnerre, sert actuellement de timbre ; ses dimensions sont fort ordinaires.

Tintry est un tout petit village du département de Saône-et-Loire, dont l'église, presque moderne, n'offre aucun intérêt. Cependant j'ai découvert, dans sa rustique tour, une cloche fondue en 1515 et vraiment digne de remarque. Sa hauteur est de 70 cent. et sa largeur de 85. En voici l'inscription disposée sur deux lignes :

𝔍𝔥𝔰. L'an 𝔐𝔙𝔛𝔙 fut comère noble dame 𝔍𝔰𝔩𝔩𝔢 𝔍𝔬𝔥𝔞𝔫𝔫𝔢𝔩 𝔡𝔢 𝔑𝔬𝔱𝔯𝔢 𝔇𝔞𝔪𝔢 ✠ 𝔊𝔢𝔯𝔪𝔞𝔫𝔢 ✠ 𝔖𝔢𝔟𝔞𝔰𝔱𝔦𝔞𝔫𝔢 ✠ 𝔈𝔩𝔬𝔲𝔡𝔦 𝔬𝔯𝔞𝔱𝔢 p̄ n

Des figures en relief, surmontées de dais, se voient autour du vase. Ces figures représentent la sainte Vierge, un « Ecce Homo » d'une maigreur étique, et enfin l'archange Michel terrassant l'esprit du mal. Voici un dessin de la croix commençant l'inscription, et de la petite plaque décorée de fleurs de lis qui la termine. Cette croix grecque, inscrite dans un cercle, comme un nimbe cruciforme, et portée par un pied qui pose sur des marches, comme sur un perron, est très-fréquente sur les cloches. Nous l'avons déjà vue, ici même, dans le cours de cet article, et nous la retrouverions encore ailleurs. Il en est de même de cette fleur de lis, fleurie et entourée de fines arabesques. Tout cela semble dénoter que les fondeurs de cloches avaient des traditions auxquelles ils obéissaient d'un pays à un autre, et même d'un siècle à un autre siècle.

17. — CLOCHE DE TINTRY.
Croix commençant et fleur de lis finissant l'inscription.

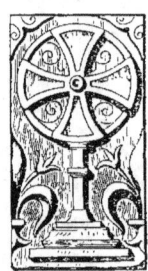 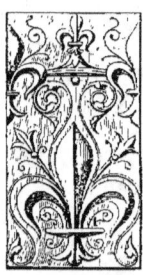

A la date de 1520, je trouve dans mes notes le timbre ou tocsin de la cathédrale de Chartres, suspendu dans le merveilleux clocher de Jean de Beauce. — Vous n'avez certainement pas été sans remarquer ce bourdon, car nul ne connaît aussi bien que vous la splendide métropole chartraine. Cet instrument, au son grave et triste, mesure 6 mètres 15 cent. de circonférence et pèse environ 10,000 livres. — Il présente, sur deux lignes circulaires, l'inscription suivante tracée en caractères gothiques :

Facta ad Signandos solis luneque labores
Evehor ad tante culmina celsa Domus
Annus erat Christi millesimus adde priori
Quingentos numero bis quoque junge decem
Illo quippe anno quo francus convenit anglum
Perpetua que simul discubuere fide

Puis on lit, entre la sainte Chemise du chapitre chartrain et un écusson frappé d'un dauphin, ces mots :

Petrus Sanyet me fecit.

L'énorme marteau qui frappe les heures est fixé par une armature des plus singulières et des plus compliquées.

La gracieuse et pittoresque tour de l'église de Moret, près Fontainebleau, possède aussi une cloche de la renaissance ; mais, dénué de toute décoration iconographique, cet instrument n'offre d'intérêt que par son inscription, formée de caractères assez élégants et bien venus à la fonte.

L'an mil DXXV fut faicte par Lemire pr la fabrique de Nostre-Dame de Moret en Gastinois et fuct nommée Marie

Il est à présumer que la cloche Marie n'a jamais quitté, depuis qu'elle existe, la vieille et remarquable église de Moret, qui tombe en ruine et qu'il est, paraît-il, impossible de restaurer.

Ainsi que je vous l'avais annoncé au commencement de cette lettre, nous voici obligés de revenir dans la vieille cité sénonaise, pour nous occuper un peu des célèbres bourdons de la cathédrale. Ces deux cloches de Sens sont remarquables par leur dimension, leurs belles proportions et surtout leur accord merveilleux. La plus grosse, nommée « Savinienne », passe même, à tort ou à raison, pour la plus parfaite qui ait jamais été fondue. La seconde, appelée « Potentienne »[1], faite à la même époque par le même artiste, a cependant des proportions un peu moins correctes. Le diamètre de Savinienne est de 3^m90 à la base, et sa hauteur intérieure de 2^m08. Le poids du battant est de 572 livres. Les dimensions de Potentienne sont un peu moindres : elle mesure en largeur 2^m40 seulement ; sa hauteur intérieure est de 1^m90, et le battant pèse 477 livres[2].

---

1. Ces cloches sont ainsi nommées en souvenir de saint Savinien et de saint Potentien, premiers évêques de Sens et patrons du diocèse.
2. Voy. « Recherches historiques sur la ville de Sens », par Th. Tarbé.

Il est bien difficile de fixer d'une façon certaine le poids des bourdons de Sens : les inscriptions qu'ils portent n'en font aucune mention, et les mémoires du temps où ils furent fondus se taisent également à ce sujet. Cependant on évalue le poids de Savinienne à 29 milliers, et celui de Potentienne à 27. Si l'on s'en rapportait à la tradition conservée par les sonneurs, le plus gros de ces bourdons pèserait même 32 milliers ; mais ce chiffre est certainement exagéré.

Ces deux colossales pièces de bronze furent fondues toutes deux en 1560, sous Jean Bertrand, archevêque de Sens. Savinienne, faite la première, fut baptisée le 17 octobre par le doyen de la cathédrale. On lit sur cette cloche l'inscription suivante, qui fait connaître le nom de l'habile artiste qui l'a fondue ainsi que sa compagne. Cette inscription a été composée par Guillaume Fauvelet, chanoine de Sens.

> ANNO MILLENO QUINGENTO TERQUE VICENO
> FACTA SONANS SENONIS SAVINIANA FUI
> OBSCURE NUBIS TONITRU VENTOSQUE REPELLO
> PLORO DEFUNCTOS AD SACRA QUOSQUE VOCO ARCHIEPISCOPATUM ROMÆ TENENTE PIO
> QUARTO REGNANTE FRANCISCO SECUNDO
> ✝ GASPARD MONGIN VIABD M'A FAICTE

Ces quatre vers latins offrent une certaine analogie avec ceux qu'on lit en français sur la cloche de Gas (Eure-et-Loir), publiée par les « Annales ». — Il n'est peut-être pas inutile de reproduire ici l'inscription de la modeste cloche beauceronne contemporaine, à quatre ans près, des bourdons de Sens :

> ✝ 1556 au nō de Marie le peuple fais assembler
> les clers en mélodie a Dieu réjouir et louer
> par mélodieux accors je décore les festes
> je pleure les mors et chasse les tepestes [1]

Un poète sénonais du XVIe siècle, et dont on ignore le nom, a essayé de traduire à sa manière les vers du chanoine de Sens modelés sur Savinienne. Voici cette traduction curieuse à plus d'un titre :

> JE FUS FONDUE A SENS L'AN MIL CINQ CENT SOIXANTE
> PAR MON SON ET LE NOM DU PREMIER SAINT PRIMAT
> LA TEMPÊTE ET LES VENTS N'OFFENSENT CE CLIMAT
> JE SEMONDE A L'OFFICE ET LES MORTS JE LAMENTE

Potentienne fut fondue en novembre 1560, mais elle ne fut baptisée que le 3 janvier suivant, par le même archevêque. Voici son inscription :

1. Voy. les « Annales Archéologiques », vol. XVII, pages 358 et suivantes.

POTENTIANA EGO PROXIMA SAVINIANÆ COMES FUSA MENSE NOVEMBRIS ANNO CHRISTI 1560
PIO QUARTO ROMANO PONTIFICE REGNANTE FRANCESCO SECUNDO JOANNE BERTRANDO ROMANÆ
ECCLESIE CARDINALI ARCH. SENON. ✝ GASPARD MONGIN VIARD M'A FAICTE

Le 14 mai 1837, le jour de la Pentecôte, la cloche Savinienne se fêla au moment où l'on commençait à sonner pour annoncer la grand'messe. Cet accident fut attribué au relâchement du baudrier supportant le battant, lequel, au lieu de frapper à sa place ordinaire, atteignit le bord inférieur de la cloche. La fêlure éprouvée par le bourdon étant très-légère, Savinienne a continué, comme par le passé, à jeter dans les airs sa puissante et mélodieuse vibration [1].

Après avoir décrit et admiré les immenses voix de bronze de la cathédrale de Sens, il faut revenir forcément à des instruments moins connus et plus modestes. Nous voici donc en présence d'une cloche très-ordinaire et de laquelle j'hésite à vous parler, à cause de la mauvaise renommée qu'elle possède. Je dois me hâter de dire que je n'ai point vu l'instrument en question, connu dans toute la Beauce sous le nom de cloche des Flambards. On s'est plu à dire, à écrire même, je crois, que la frise modelée autour de cette cloche était une révoltante obscénité. J'ai vu au musée de Chartres le

[1]. J'ai entendu dire qu'on avait, il y a quelques années, réparé tout à fait cet accident en coulant, dans la fente, du métal nouveau qui avait fait corps avec le métal ancien. Le bronze bouillant se serait incrusté dans le bronze ancien comme de la cire chaude dans de la cire froide qui se serait amollie au contact. En se refroidissant, le métal neuf et le vieux métal se seraient agglutinés de manière à ne faire qu'une substance parfaitement homogène. Aussi, maintenant, non-seulement on ne verrait plus la fente ; mais, quand on sonne le bourdon, on ne saisirait en aucune façon qu'il y a eu fêlure. Une particularité relative à Savinienne, la plus grosse des deux cloches de Sens, c'est qu'elle était déjà fêlée en 1485. En effet, Georges Lenguerant, le pélerin dont M. le baron de La Fons-Mélicocq nous a donné les notes de voyage que nous avons publiées, notamment volume XXII des « Annales Archéologiques », page 30, dit : « En laquelle ville y a deux cloches au beffroy, dont l'une a deux destres en croisie et IX pieds et demi de cloière, ou environ ; et, en haulteur, IX pieds et plus, et semble qu'elle soit aussy haulte que large. Et y eut à le fondre, que d'estaing que de métal, comme on dict, XXX mil libvres quant fut premièrement fondue ; mais, à présent, ne poise que XXII mil ; le batant d'icelle poise IIIIe et XII libvres de fer, et est fendue ung petit. Et, par dessus elle, y en a une aultre qu'on sonne, beaucoup mendre ». — Manuscrit de la bibliothèque de Valenciennes, n° 453, f° 2, r° et v°. — Lenguerant, il est vrai, dit que ces deux bourdons sont à Troyes et non à Sens. Mais je suis persuadé qu'il se trompe de ville : Sens a possédé et possède encore ces deux bourdons célèbres dans toute la France, et je ne sache pas que Troyes en ait jamais eu de pareils. Cependant M. Sauvageot nous annonce, d'après des inscriptions positives, que les deux grosses cloches actuelles de Sens datent de 1560, du pontificat de Pie IV et du règne de François II. Faut-il croire que les deux bourdons qu'a entendus Lenguerant en 1485, et dont le plus gros était fêlé, ont été refondus en 1560 pour que le plus gros se fêlât encore en 1837 ? Tout cela est infiniment probable, mais messieurs les archéologues de Sens et de Troyes devraient bien nous éclairer sur ces questions de dates et de fêlures. (*Note de M. Didron.*)

moulage en plâtre d'un fragment de cette procession des Flambards; mais je n'ai pu y voir les priapées qu'on m'avait signalées. Les personnages de cet étrange bas-relief sont nus, il est vrai; mais, je le répète, en cela seulement consiste leur indécence, leur immoralité. Toutes les figures de cette frise portent un cierge. L'inscription est du reste des plus convenables, et l'on ne doit voir dans cette représentation de personnages nus qu'une fantaisie d'artiste assez fréquente à cette époque où l'art en général était devenu un peu païen dans la forme. Tout le monde sait que le grand Michel-Ange lui-même ne sut pas ou ne voulut pas, dans son immortel Jugement dernier, s'affranchir de ce mauvais goût, et que le plus grand nombre des figures de cette immense page sont nues. Voici l'inscription de la cloche des Flambards qui existe encore, m'a-t-on dit, dans les greniers de l'hôtel de ville de Dreux :

L'AN 1561 LE PREMIER DU RÈGNE DE CHARLES IX PAR LA GRACE DE DIEU ROI DE FRANCE ET COMTE DE DREUX JE FUS FONDUE POUR L'HONNEUR DE DIEU LE SERVICE DU ROI ET LA COMMUNAUTÉ DE DREUX. MESSIRE ROTROU ÉTANT POUR LORS LIEUTENANT GÉNÉRAL, JACQUES CHAILLOU MAIRE ET PHILIPPE PETIT PROCUREUR SYNDIC.

C'est encore dans un obscur village de la haute Bourgogne, à Decize (département de Saône-et-Loire) que j'ai rencontré la cloche suivante, portant la date de 1618. D'une grosseur déjà remarquable, cette pièce sonore mesure 1^{m}20 à sa base, et 1^{m}03 de hauteur sans les anses. On remarque à la base de l'inscription la sainte Vierge et saint Martin, sous la protection duquel est placée cette cloche. Un écusson succédant au millésime contient une petite clochette. Ce sont probablement les armes du fondeur, qui n'a pas autrement signé son œuvre. Voici l'inscription dont les caractères ne sont plus gothiques, mais romains :

XPS VINCIT XPS REGNAT XPS IMPERAT XPS AB OMNI MALO NOS DEFFENDAT
SANCTE MARTINE ORA PRO NOBIS

La cloche ou timbre de Dourdan est presque célèbre à cause de son inscription; elle date de 1599, et n'a absolument de curieux que les six mauvais vers qu'on peut lire à la base du cerveau. Les voici tels que j'ai pu les copier. Je n'ose répondre de leur parfaite exactitude, car il m'a été fort difficile d'arriver jusqu'à l'instrument en question, suspendu dans une étroite petite flèche, où il est impossible de circuler :

AU VENIR DES BOURBONS AU FINIR DES VALOIS
GRANDE COMBUSTION ENFLAMMA LES FRANÇOYS
LA VILLE MISE A SAC LE FEU EN CE SAINT LIEU

MAINT BOURGEOIS RANÇONNÉ. O DOURDAN PRIEZ DIEU
TANT JE VOUS SONNAY LORS DE MALHEUREUSES HEURES
QU'A TOUT JAMAIS JE LES SONNE MEILLEURES [1].

J'ai pu voir, sur le vase de cette cloche, une croix ornée de fleurs de lis avec la sainte Vierge assise à la place du divin Crucifié.

Me voici tout au fond de la fertile Beauce, devant une cloche extrêmement curieuse, bien qu'elle soit presque moderne. Elle date de 1720 et se voit dans l'église de Rouvray-Saint-Denis, département d'Eure-et-Loir. Remarquable à plus d'un titre, elle est en outre allemande d'origine. En effet, son inscription dit clairement qu'elle fut fondue à Hermanstadt pour la chapelle du comte de Stainville. La forme de cette cloche est lourde, et les moulures dont elle est décorée sont d'un goût contestable. Elle est de petites dimensions et condamnée depuis longtemps au silence par une fêlure considérable. Comment se fait-il que cet instrument allemand ait été transporté en France, au centre du pays beauceron ? Il serait assurément curieux de le savoir ; mais, par malheur, personne n'a pu me donner des renseignements à cet égard, pas même le vénérable curé de Rouvray, qui dessert depuis près de quarante ans cette paroisse. Voici la longue et curieuse inscription latine qu'on lit autour du vase de la cloche de Rouvray :

TUBA DEI SONUM SPARGENS AD CAPELLAM AULICAM EXCELLMI DNI STEPHANI COM A STAIN-
VILLE SC ET REG CATHOLENTIS INTIMI AC CONSILII AULÆ BELLI CONSILIARII GENRLIS HANC FU
DI CURAVIT CIBINII SEU HERMANSTADT ANNO MDCCXX.
GOSS. MICHAEL WINHOFFER IN HERMANSTADT.

La cloche de Rouvray-Saint-Denis n'aurait-elle de particulier que son origine étrangère et sa curieuse inscription, qu'elle serait déjà digne de remarque ; mais elle offre en outre, chose extrêmement rare, un mouton en bois richement décoré et exécuté, selon toute apparence, au commencement du XVIe siècle. C'est un assemblage de deux pièces de bois découpées à leur

---

[1]. M. Auguste Moutié, correspondant des Comités historiques, envoya en 1842, au Comité historique des arts et monuments dont j'étais alors secrétaire, et dont je rédigeais le « Bulletin archéologique », l'inscription si curieuse de cette cloche de Dourdan. Le vers, « Tant je vous sonnay lors de malheureuses heures », que M. Sauvageot place le cinquième, M. Moutié le met le troisième. L'orthographe de MM. Sauvageot et Moutié n'est pas la même. Enfin, M. Moutié donne les deux lignes suivantes qui mentionnent les magistrats de Dourdan, la date de la fonte et le nom du fondeur dont M. Sauvageot n'a pas parlé.

MATHURIN PROVSTEAU I LVARD E LASNE GAIGERS
EN L'AN 1599 THOMAS MOVSET M'A FAICT

Voyez le « Bulletin archéologique du Comité historique des arts et monuments », années 1842-1843, vol. II, page 467. (*Note de M. Didron.*)

extrémité selon le profil de la base attique, et revêtues sur leurs deux côtés d'une armature de fer découpée et modelée. L'ensemble est peut-être un peu lourd de forme; mais, en revanche, les détails sont d'une grande finesse et très-adroitement contournés. C'est donc un mouton plus ancien de deux siècles, auquel on aurait accroché une cloche de 1720. Il fallait, on le conçoit à son élégance et à toutes ses délicatesses, qu'on y tînt beaucoup pour le conserver aussi précieusement. Au reste, je ne saurais mieux faire, il me semble, que de montrer ici une figure de ce mouton bardé de fer : un croquis, aussi imparfait qu'il puisse être, en dit souvent plus que les descriptions les plus minutieuses et les plus complètes.

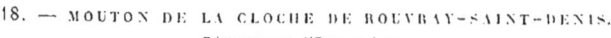

18. — MOUTON DE LA CLOCHE DE ROUVRAY-SAINT-DENIS.
Département d'Eure-et-Loir.

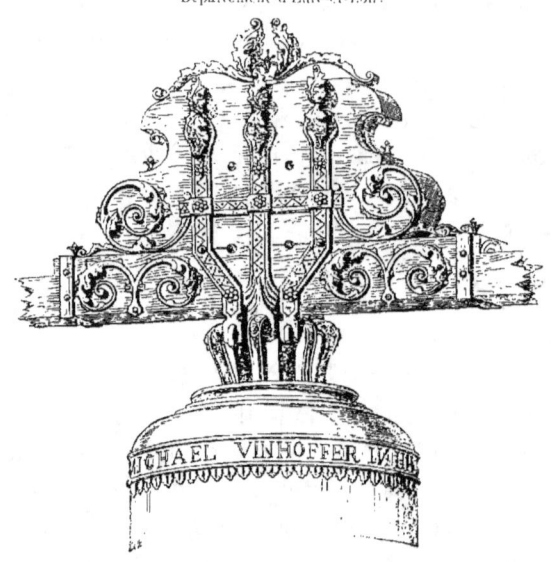

Mais je m'aperçois enfin qu'il est temps de m'arrêter. Aller plus avant serait tomber dans l'ère moderne de l'art campanaire, et, conséquemment, devenir fastidieux. Vous avez dû remarquer, du reste, qu'à mesure que nous nous éloignons du moyen âge, les inscriptions et l'iconographie des cloches n'offrent plus le même intérêt. Les cloches, aux XIIIe et XIVe siècles, ne présentent en général que de courtes sentences latines, de pieuses invocations à la reine du ciel ou au saint patron du pays, tandis qu'aux XVe et XVIe siècles on rencontre déjà de longues et diffuses inscriptions frisant parfois le grotesque, comme à la cloche d'Étampes. Le poids de l'instrument est aussi très-souvent mentionné, et le fondeur n'oublie presque jamais de signer son œuvre. Des marguilliers, peu modestes, ne négligent pas non plus de saisir cette occasion de se faire connaître à la postérité. Bref, on est déjà, il faut bien en convenir, loin des bonnes, des saines traditions. Cependant, il était réservé aux deux siècles suivants de dépasser toute mesure à cet égard, et de nous montrer des inscriptions de cloches souvent inconvenantes, en ce sens qu'elles ne contiennent aucune invocation pieuse, et ne sont placées très-souvent sous la protection d'aucun saint. Je ne résiste pas au désir de citer ici, comme preuve de ce que j'avance, l'inscription de la cloche de la chapelle de Boigneville, dans les environs de Gallardon. C'est la nomenclature très-exacte des villes, villages et hameaux dont Mme de Maintenon était en possession :

L'AN 1690, J'AY ÉTÉ FAITE PAR L'ORDRE DE TRÈS HAUTE ET TRÈS PUISSANTE DAME MADAME FRANÇOISE D'AUBIGNÉ MARQUISE DE MAINTENON, DAME DU PARC, PIERRES, TENEUSE, LE BOIS RICHEUX, SAINT-PIAT, GROGNEUL, CHANGÉ, CHARTAINVILLERS, BOIGNEVILLE, YERMENONVILLE ET AUTRES LIEUX. — DENYS MOUSSET M. F.

Quelle différence entre cette longue énumération, si peu à sa place, des titres et qualités d'une célèbre et puissante dame, il est vrai, et cette simple et touchante invocation à la sainte Vierge, qu'on voyait sur la cloche détruite de Moissac : SALVE REGINA MISERICORDIE !

Quant aux cloches qui se fondent de nos jours, sous nos yeux, l'abus est encore plus flagrant. On a souvent atteint dans ces circonstances au comble de l'absurde et du mauvais goût. Aussi, est-ce à qui sera nommé sur la nouvelle cloche du pays; on y voit des inscriptions, d'une longueur soporifique, contenir successivement, avec leurs titres et qualités, les noms du curé, du maire, de l'adjoint, du maître d'école, des parrains et marraines, des marguilliers, etc., etc. Dans peu n'y verrons-nous pas des bedeaux aussi et des gardes champêtres[1] ?

---

1. Il y a deux ans, environ, on est venu me consulter sur les inscriptions à graver sur les cloches de la nouvelle église Sainte-Clotilde à Paris. On m'apporta une inscription d'une longueur à occuper une partie de la robe des cloches. On se plaignait de cette longueur et l'on me demanda le moyen d'être plus bref. Mgr le cardinal Morlot, archevêque de Paris, devait faire le baptême de ces cloches, et, dans tous les cas, en sa qualité de chef du diocèse, on voulait l'honorer en gravant sur toutes ces cloches son nom, ses qualités, ses dignités, je n'irai pas jusqu'à dire son lieu de naissance, son âge et ses traitements. Il me sembla que, sur un instrument religieux, les qualités ecclésiastiques du vénérable prélat étaient parfaitement suffisantes. Je conseillai, en conséquence, de déclarer que Mgr Morlot était cardinal de la sainte Église romaine et archevêque du diocèse de Paris; mais je trouvai inutile de faire graver qu'il était sénateur de l'empire français et membre du conseil impérial privé. Ces qualités de sénateur et de conseiller me paraissaient

De tout ceci, il résulte que l'on s'éloigne souvent trop, en ce qui concerne l'ecclésiologie, de la discipline liturgique et des convenances observées aux xii°, xiii° et xiv° siècles; et que, de plus, il est presque toujours nécessaire de rétrograder, de retourner dans le passé pour trouver les objets et instruments du culte à leur véritable place et destination.

Veuillez agréer, cher Monsieur, mes salutations empressées.

C. SAUVAGEOT.

n'avoir rien à faire dans la circonstance; en les supprimant, on gagnait une place précieuse et dont on avait grand besoin, dit-on, pour nommer le curé de la paroisse, son premier vicaire, les donateurs des cloches et enfin les parrains et marraines. J'ignore si l'on aura goûté mon conseil et je n'ai pas encore songé à demander aux sonneurs de Sainte-Clotilde comment les inscriptions étaient composées. (*Note de M. Didron.*)

PARIS. — IMPRIMERIE DE J. CLAYE, RUE SAINT-BENOIT, 7

DIDRON
LIBRAIRIE D'ART ET D'ARCHÉOLOGIE
23, RUE SAINT-DOMINIQUE, A PARIS

ANNALES ARCHÉOLOGIQUES. Encyclopédie de l'art au moyen âge, par les principaux artistes et archéologues, sous la direction de DIDRON aîné. — Vingt-deux volumes complets, in-4°, avec nombreuses gravures sur métal et sur bois. Chaque volume.......................... 25 fr.
L'abonnement annuel courant. .... 20 fr.

PORTEFEUILLE ARCHÉOLOGIQUE, par A. GAUSSEN. Un volume grand in-4° de 100 planches en couleur avec texte................ 125 fr.

MANUEL des œuvres de bronze et d'orfévrerie du moyen âge, par DIDRON aîné. Un volume in-4° orné de 156 gravures sur bois......... 18 fr.

L'ART DU MOYEN AGE et les causes de sa décadence, d'après M. Renan, par F. DE VERNEILH. In-4° de 32 pages................... 3 fr.

ARCHITECTURE BYZANTINE et influences byzantines en France, par F. DE VERNEILH. Un vol. et un supplément. In-4°, avec 24 pl.... 25 fr.

LES ÉGLISES DE TERRE SAINTE, par le comte MELCHIOR DE VOGÜÉ. Un vol. in-4° de 454 p. avec 53 gravures sur métal et sur bois.. 45 fr.

MÉMOIRE sur les sépultures des Barbares mérovingiens, par H. BAUDOT. Un vol. in-4° avec 29 planches en couleur............... 30 fr.

MANUEL D'ÉPIGRAPHIE, par l'abbé TEXIER. Un vol. in-4° de 416 p. et 28 pl., contenant 292 inscriptions du Ier au XIXe siècle..... 10 fr.
Sur papier de Hollande.............. 12 fr.

HISTOIRE DE L'HARMONIE au moyen âge, par E. DE COUSSEMAKER. Un vol. in-4° de 354 pages et 80 planches................. 30 fr.

DRAMES LITURGIQUES du moyen âge (texte et musique), par E. DE COUSSEMAKER. Un volume in-4° de 350 pages et 7 planches...... 25 fr.

MIRACLES DE LA SAINTE VIERGE, par GAUTIER DE COINCY, publiés et annotés par l'abbé POQUET. Un vol. in-4° de 500 pages et 64 miniatures............................. 50 fr.

HISTOIRE SIGILLAIRE de la ville de Saint-Omer, par A. HERMAND et L. DESCHAMPS DE PAS. Un volume in-4° de 178 pages et 45 planches donnant 333 exemples de sceaux civils et ecclésiastiques du XIe au XVIIIe siècle....... 40 fr.

LE PALAIS IMPÉRIAL de Constantinople et ses abords, Sainte-Sophie, le forum Augustéon et l'Hippodrome au Xe siècle, par J. LABARTE. Un vol. grand in-4° de 240 pages et 3 plans. 25 fr.

ANTIQUITÉS DE LA RUSSIE méridionale et des côtes de la mer Noire, par le comte ALEXIS OUVAROFF. Première et deuxième parties. In-folio de 168 pages et atlas de 42 planches, dont plusieurs en couleur....................... 100 fr.

ARCHITECTURE CIVILE ET DOMESTIQUE au moyen âge et à la renaissance, par VERDIER et le docteur CATTOIS. Deux vol. de 114 pl. avec texte......................... 100 fr.

MONOGRAPHIE de l'église de Brou, par L. DUPASQUIER. Grand in-folio de 30 planches sur métal ou en chromolithographie............ 150 fr.

LA CATHÉDRALE DE TRÈVES du IVe au XIXe siècle, par le baron F. de ROISIN. In-4° avec 4 planches sur métal................. 6 fr.

TRÉSOR DE L'ÉGLISE DE CONQUES (Aveyron), dessiné et décrit par A. DARCEL. Un volume in-4° avec 15 pl. sur métal........... 15 fr.

TRÉSOR DE L'ÉGLISE SAINT-MARC, à Venise, par JULIEN DURAND. In-4° de 68 pages et 1 planche...................... 4 fr. 50

VITRAUX PEINTS de la cathédrale du Mans, par E. HUCHER. Dix livraisons in-folio maximo de chacune 2 feuilles de texte et 10 planches coloriées. (Huit sont publiées.) Chacune... 15 fr.

VITRAUX DU GRAND-ANDELY, par ÉDOUARD DIDRON. In-4° de 36 pages et 2 planches.. 4 fr.

ARMERIA REAL. Galerie royale des armes anciennes de Madrid, par A. JUBINAL. Trois volumes in-folio avec 125 planches............ 185 fr.
Avec les planches en couleur.......... 350 fr.

ANCIENS VÊTEMENTS SACERDOTAUX et anciens tissus conservés en France, par CH. DE LINAS. 2 séries in-8°, ensemble de 340 pages et 26 planches..................... 15 fr.
Avec planches coloriées............ 21 fr.

LES GRANDS PEINTRES avant Raphaël. Collection de photographies d'après les tableaux de Van Eyck, Hemling, Van der Weyden, Mostaert, etc., par FIERLANTS. Chacune de 8 fr. à..... 30 fr.

PUBLICATIONS de la société d'Arundel de Londres. Gravures et chromolithographies des plus belles œuvres de Giotto, Fra Angelico, Nelli, Luini, Pérugin, Pinturicchio, Giovanni Sanzio, André del Sarte, Ghirlandajo, Léonard de Vinci, etc. — Chaque planche séparée, de 12 à....... 35 fr.
Souscription annuelle............. 26 fr. 25

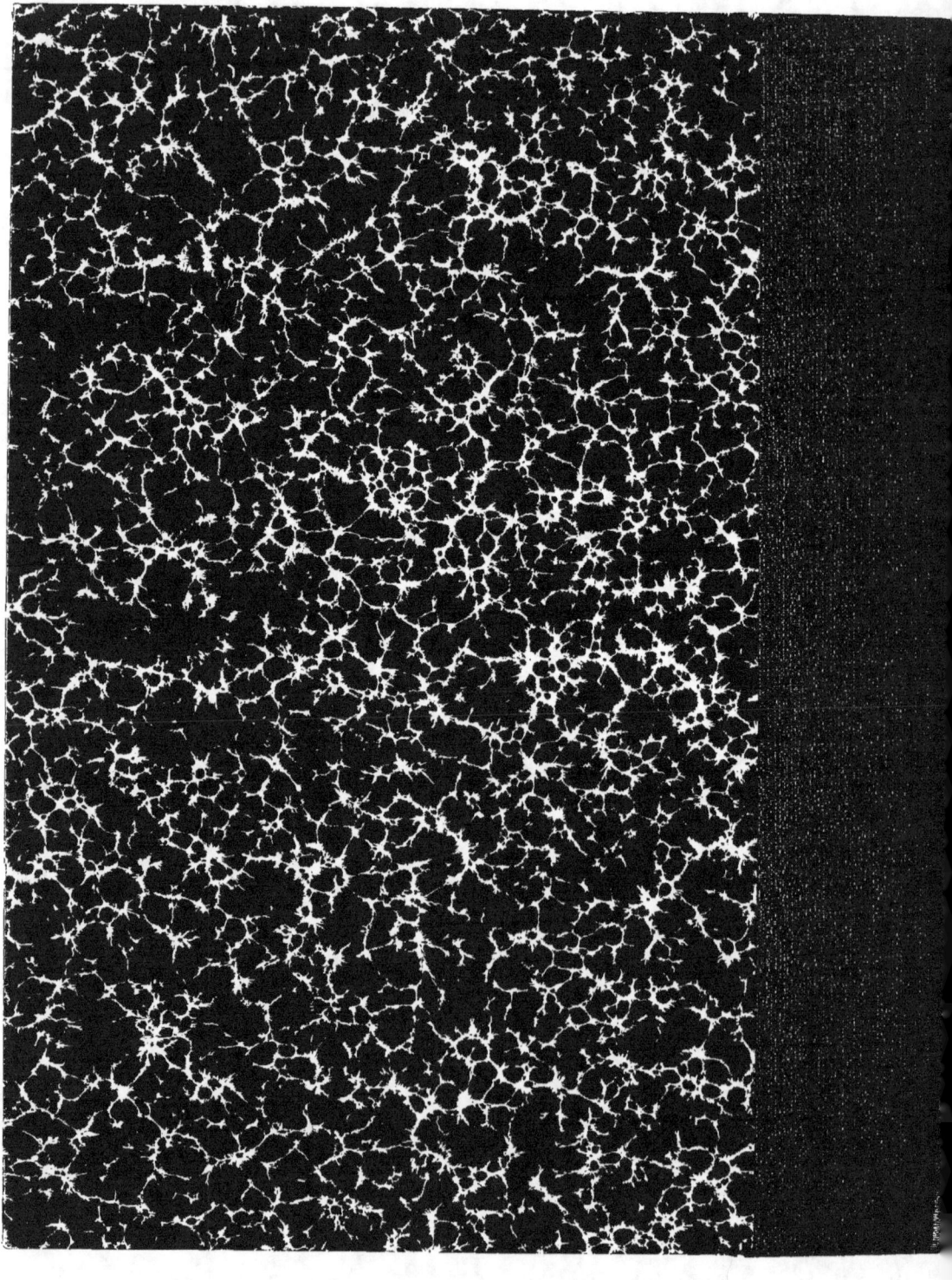

www.ingramcontent.com/pod-product-compliance
Lightning Source LLC
Chambersburg PA
CBHW030052230526
45471CB00003B/1057